¿DÓNDE ESTÁ LA MENTE?

Dedicado al Venerable Wangdor Rimpoche

Escrito por © Ziji Rinpoche
© Short Moments for Kids 2020.
Todos los derechos reservados.
BeginningMind (Iniciación a la naturaleza de la mente) #1

Ilustrado por
© Celine Wright
Tapa dura: 978-1-915175-44-1
Tapa blanda: 978-1-915175-43-4
Ebook: 978-1-915175-45-8

¿Dónde está la mente?
Busquemos juntos
hasta encontrar la mente.

Mente, ¿dónde estás? Te estoy buscando..

¿La mente está en mi ojo?

¿La mente está en mi rodilla?

¿La mente está en mi barriga?

¿La mente está en mi cabeza?

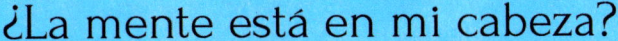

Mira afuera.
¿Tu mente salió afuera?

¡Mira tu mente
con tu mente!

¿Qué ves?

Mira las estrellas de noche.

¿Tu mente fue a las estrellas?
¿Tu mente fue a las estrellas y volvió?

¿Qué ves?

¡Mira tu mente
con tu mente!

La mente está quieta como el cielo.
Los pensamientos y sentimientos
son como un arcoiris en el cielo.
Aquí viene el arcoiris...

...aquí se va el arcoiris.
La mente está quieta como el cielo.

Mira los coches y los camiones que pasan veloces por la autopista. ¿Tu mente vio...

...los coches y los camiones?
¿Tu mente fue aplastada por los coches y camiones
que pasan veloces?

¡No! La mente es invisible, ¡nada puede lastimarla ni aplastarla!

Nada puede perturbar
ni lastimar la mente,
igual que el espacio.

Nuestros pensamientos y sentimientos tormentosos
son como un relámpago en el cielo
y desaparecen rápidamente por sí mismos.

¡El cielo siempre abraza todo!
La mente es amable.
La mente abraza todo.

La mente es invisible,
nada puede lastimarla ni aplastarla.

Todos los pensamientos y sentimientos
desaparecen rápidamente
como un relámpago en el cielo.

La autora Ziji Rinpoche y su maestro Wangdor Rimpoche

Ziji Rinpoche ama enseñar y escribir y su último libro se llama "Al surfear un tsunami…".

Ziji Rinpoche es la sucesora del linaje Dzogchen del Venerable Wangdor Rimpoche. Cada metáfora e instrucción clave tiene su origen en las Enseñanzas Dzogchen que se pasan de un maestro a otro, como una cadena de montañas doradas.

Wangdor Rimpoche le pidió a Ziji Rinpoche que efectuara la continuación del Dzogchen en el ámbito de la cultura global contemporánea. Ziji Rinpoche estableció la comunidad en línea de Breves Momentos para apoyo mutuo en la familiarización con la naturaleza de la mente. Mediante la aplicación Short Moments cualquier persona puede tener acceso a enseñanzas Dzogchen profundas y poderosas. Descubre más en http://shortmoments.com

La ilustradora Celine Wright

Celine ama dibujar, empoderar a los niños y niñas y contar historias. Cuando fue introducida a la naturaleza de la mente por Ziji Rinpoche, quedó impactada por el poder de la mente, abierta como el cielo, siempre clara y sabia sin importar los sentimientos tormentosos. Ella reconoció que amaría haber aprendido sobre la mente en su infancia. Se sintió inspirada para ilustrar las enseñanzas en libros para niños, que introducen la mente fuerte a los niños.

Combinando su formación en Bellas Artes (licenciatura), Artes del Espectáculo (máster), Dzogchen (estudiante de Ziji Rinpoche desde 2007) y Educación de la Temprana Infancia (asistente maternal), Celine ahora enseña Dzogchen para Niños, lee libros en escuelas y festivales y ama ilustrar nuevos libros en http://shortmomentsforkids.com.

www.ingramcontent.com/pod-product-compliance
Lightning Source LLC
Chambersburg PA
CBHW041501220426
43661CB00016B/1222